Elisabeth Thaler

Tannhäuser

Elisabeth Thaler

Tannhäuser

und andere Erzählungen

Impressum

Bibliografische Information der Deutschen Nationalbibliothek:
Die Deutsche Nationalbibliothek verzeichnet diese
Publikation in der Deutschen Nationalbibliografie;
detaillierte bibliografische Daten sind im Internet
über http://dnb.dnb.de abrufbar.

Die automatisierte Analyse des Werkes, um daraus
Informationen insbesondere über Muster, Trends und
Korrelationen gemäß § 44b UrhG („Text und Data Mining")
zu gewinnen, ist untersagt.

© 2025 Elisabeth Thaler

Lektorat: Dr. Dieter Scheidig & Nebelkater
Korrektorat: Elisabeth Thaler (M. A.)
Einbandgestaltung: Kauz & Nutzković
                   Elisabeth Thaler (M. A.)

Verlag: BoD · Books on Demand GmbH, Überseering 33,
22297 Hamburg, bod@bod.de
Druck: Libri Plureos GmbH, Friedensallee 273,
22763 Hamburg

ISBN: 978-3-8192-1332-8

Meinem lieben Herrn Vater

Mag. Christoph Thaler
(1952 - 2006)

und allen Menschen,

die mich jemals ermutigt haben.

Inhaltsverzeichnis

Eros und Thanatos

Ein Vorwort zur zweiten Auflage

Solange Menschen begonnen haben, sich Geschichten zu erzählen, beherrschen vor allem zwei Themen all die Sagen und Legenden: Die Liebe und der Tod.

Beide sind untrennbar miteinander verbunden, weil sie vielleicht den Beginn und das Ende eines Lebens am eindrücklichsten zu bedeuten vermögen.

Dieses Buch mit Erzählungen ist in drei Abschnitte gegliedert, die ich kurz darstellen möchte.

Wirklich tot? Oder in der Liebe geborgen?

„Tannhäuser" und auch *„Die Grundlseefrau"* sollten in ihrem sprachlichen Stil und in der Erzählweise die Anmutung einer zeitgenössischen und einer alten Sage erhalten. In beiden Erzählungen geht es um Spielarten der

Annäherung und der Liebe, des Kennenlernens und auch des immer drohenden Verlustes.

Im „*Tannhäuser*" vermischt sich die Gestalt der Sängerin Isabella mit jener der Venus aus der historischen Tannhäusersage, inspiriert von dem Gedicht, dem Canto der geschichtlich belegten Minnesängerin (auch Trobairiz) Beatriz de Dia, das uns überliefert wurde. In diesem Gedicht verschwimmen die Grenzen zwischen höfischer Minne und Liebesverlangen. Ich habe es in der Fußnote vollständig zitiert.

Die Anlage der Erzählung ist in positiver Weise von E.A. Poes „*Der Untergang des Hauses Usher*" inspiriert, wo es um eine Art Gleichzeitigkeit des Lesens und des Ereignens geht. Denn in der Tat ließ ich einen lieben Freund das Geschriebene begutachten und dann ging der Wunsch der Beatriz in Erfüllung…

Überdies fungiert diese Erzählung als Überblick über die Themen der weiteren Geschichten in diesem Band.

„*Grundlseefrau*" will einfach eine Sage aus alter Zeit sein. Das Interessante dabei ist, dass es am

Ende offenbleibt, ob der gealterte Knabe nun stirbt oder mit der Grundlseefrau in einer weit entfernten Gegend weiterlebt. Das immerjunge Seeweibchen hat sich aus Liebe entschieden, mit dem Manne zu altern.

Normal? Paranormal?

Ja, ich weiß, ich wage mich mit diesen Kurzerzählungen an die Grenzen von Wissenschaft, Religion und Verstand. Aber dennoch habe ich mich dafür entschieden, diese drei Erlebnisse in den Band aufzunehmen, zumal sie im Internet auf der Plattform „Youtube" bereits von *Real Mystery* und dem *Albtraumerzähler* aufgesprochen wurden. Es sind wahre Begebenheiten, die mir genau so zugestoßen sind.

Familienangelegenheiten

„*Blau*" und „*Alaska*" sind zwei an wirklichen Schülern im Unterricht getestete Kurzgeschichten im Stile der klassischen deutschen Kurzgeschichte des 20. Jahrhunderts.

Beide Texte schildern das ambivalente Verhältnis von Eltern zu ihrem Kinde. Darüber aber mag der geneigte Leser selbst befinden.

Tannhäuser

Hier war es also.

Den olivgrünen Seesack ihres abenteuerlustigen Vaters bergan schleppend machte Isabella De Dia im noch lichten Gezweige des mitteldeutschen Frühlings die Umrisse der kleinen Waldhütte am Fuße einer thüringischen Burg aus.

Der graue Granitschotter rollte beim Gehen knirschend unter ihren Füßen.

Sie verharrte und sah sich um.

Ja, es ist auch diese Landschaft voll der sanften, bewaldeten, mit Burgen bekrönten Hügel; schön, dachte sie, man kann leicht seine Gedanken schweifen lassen, vieles herbeiträumen, was man aus der Heimat so sehr vermisst.

Ihre Heimat…

Sicher gingen ihr die hochragenden Gebirge, die einem Ehrfurcht und auch Geborgenheit vermitteln wollen, ab. Ihre Heimat, um deren Schönheit sie so mancher beneidete, wenn sie die Sagen schilderte, welche dort vor vielen Jahren gesponnen wurden.

Ihr Vater erzählte Isabella oft von all diesen gestaltgewordenen Wundern der Natur… oh wie oft sprach er begeistert von den Bergriesen, zu denen er sie ohne das Wissen der Mutter oft im Rucksack heimlich entführte… Isabella sah dann immer mit ihren kindlich glarenden Augen all die tannenbewaldeten Täler, die flussgrünen Weiten einer vom Menschen nahezu unberührten Natur. Greife, Adler und Habichte schwangen sich kühn in die Lüfte, um Beute zu machen, Murmeltierchen verharrten indes wachsam und vergruben sich schnell, wenn Gefahr drohte.

All dies wurde zu ihrer Sehnsucht, die zeit ihres Lebens nie verblasste.

Ja, sie wollte dort leben mit ihrem Vater!

Nun aber wanderte sie hier. Der Vater war längst verstorben, doch in ihrem Gepäck hatte Isabella nicht mehr als das Übliche zum Überleben.

Sie sah sich um.

Da stand die Hütte.

Es war das günstigste Quartier, das sie für ihre mehrmonatige Lehrtätigkeit drunten in der Stadt Isenach auf die Schnelle erwerben konnte. Doch das focht sie nicht an; im Tirolischen musste sie schon einmal in einem feuchten Gelass mit einem Holzofen, der nicht richtig zog, einen Winter verbringen. Die

Rheumaschmerzen, welche sie sich damals zugezogen hatte, wird sie wohl niemals vergessen.

Im Vergleich dazu mutete diese Behausung im angenehmen Laubwald an der Grenze zu einer gedrungenen, dichten Tannenschonung richtig einladend an.

Ein Stadtbewohner, irgendein Sebastian Walter, den Isabella vor einigen Tagen über eine recht dubiose Internetplattform zur Zimmervermittlung kontaktierte, verhieß ihr, den Schlüssel zu dem Anwesen unter einem Stapel von Fliesen direkt vor der örtlich genau bezeichneten Hütte zu deponieren.

Isabella vertraute ihm, denn immerhin war der nahewohnende Sebastian ebenfalls Lehrer an der Schule, wo sie zu arbeiten gedachte.

Nun schob sie die altersschwach bröselnden Fliesen klirrend zur Seite und fand den angestaubten Schlüssel.

Wohlan, ermunterte sie sich, schaun wir mal.

Sie öffnete die nicht gerade robuste Türe des kleinen Häuschens, welche weinerlich aufquietschte.

Holzig morscher Geruch und modrige Dunkelheit schlugen ihr entgegen, eine Dunkelheit, welche nur durch staubschwangere Sonnenstrahlen aus undichten Fensterläden durchbrochen wurde.

Sie machte die verschlafen knarrenden Fenster auf, und dann allmählich erkannte sie die Gegenstände dieses einzigen Raumes: Einen Tisch, eine Eckbank, eine Liegestatt – Bett konnte man es kaum nennen – und weiter hinten ein altertümlicher Küchenherd, der vermutlich auch die einzige Wärmequelle dieser Behausung war. Daneben stapelten sich ein Topf, eine Pfanne und ein feuerverzinktes Blechschaff; dieses diente vermutlich zum behelfsmäßigen Bade. Wasser, so sagte es ihr Sebastian via Mail, könne man mittels eines irdenen Kruges von der nahegelegenen Quelle vor der Hütte besorgen.

Sie ließ seufzend den Seesack fallen und setzte sich zu Tische. Zu essen hatte sie indes nichts. Also stand ihr noch ein weiterer Weg in die Stadt bevor.

* * *

Isabella war das, was man eine okzitanische Schönheit nennt, eine Frau, mit ebenholzfarbenem Haar, blassem Teint und kantigen Gesichtszügen, in denen sich alle Rassen des südlichen und mittleren Westeuropas über die Jahrhunderte vermischt haben mussten.

Sie hatte gewiss Bedenken, dass ihr fremdländisches Aussehen in dieser Gegend Thüringens auf große Gegenliebe stoßen würde, zumal sie neben ihrem Lehrertume noch dichterische Ambitionen hegte; das mochte in den nördlicheren Gefilden Europas nicht unbedingt vorteilhaft sein, zumal man sich dort – wie Isabella klischeegemäß dachte – eher nüchterner und weltkluger gehabte als sie es gewohnt war.

Unter ihre Vorfahren aber zählten sich mutige und abenteuerlustige Frauen, sogenannte Trobairizes, Minnespielerinnen, die es sich angelegen sein ließen, edle Männer in ihren Liedern zu verehren. Und, ja, wenn es darauf ankam, näherten sie sich diesen Männern auch körperlich… sehr nahe…

Plötzlich klirrte draußen etwas gegen die Fliesen.

Isabella blickte erschrocken um sich, sprang auf und erspähte im Gegenlicht der Türöffnung ihrer Hütte einen Mann.

Er war nicht gerade großgewachsen, eher klein… nicht stämmig, auch nicht athletisch… ganz normal.

Isabella atmete auf. Sie wandte sich zur Tür und hieß den Mann willkommen.

Sein freundliches Lächeln ließ Isabella immerhin Vertrauen fassen.

„Schöne Frau Nachbarin! Grüße Sie! Wie ich sehe, haben Sie den Schlüssel gefunden und beginnen sich einzurichten…"

„Herr Walter, Sebastian Walter, sind Sie das?" tastete Isabellas Stimme zur Tür hin, „herzlichen Dank für den Schlüssel, wir werden uns ja am Montag in der Schule unten sehen…"

Der Mann trat die wenigen Schritte an den Tisch und an die Eckbank heran.

Du meine Güte, dachte Isabella, man könnte ihn mit seinen zopfgebundenen Haaren und der Lederjacke fast für das halten, was man in Österreich einen Strizzi zu nennen pflegt. Und dazu dieses breite Grinsen… Also, in Wien am Praterstern würde er gar nicht auffallen.

„Vielleicht," meinte er nun, sich etwas verlegen am Kopf kratzend, „vielleicht könnten wir uns duzen. Ich bin ja ein Kollege. Ich unterrichte Deutsch und Geschichte."

„Oh, dann bin ich wohl hier der Exot," begann Isabella verlegen und versuchte, sich dennoch leutselig zu geben, „ich hab Latein."

Da lachte Sebastian kurz auf.

„Na hervorragend, aber auch Exoten werden Hunger haben: Schau, ich hab dir was mitgebracht, eine wirklich besondere, erlesene Sardinendose aus dem Feinkostladen meiner Frau und dazu frisches Brot. Und eine Flasche Wein. Für den Anfang ist das schon etwas."

Nun, dachte Isabella, die Leute hier – sie bezeichnete sie einfach als Nordmänner – werden schon nicht so schlimm sein. Sofern die Sardinendose nicht noch aus den Restbeständen der Sowjetarmee stammt, ist ja alles gut…

* * *

Nur wenige Tage später war Isabella außer sich.

Noch ehe sie in ihre Hütte an der Tannenschonung heimkehrte, musste sie Sebastian Walter in seiner weiter unten im Tale gelegenen Behausung zur Rede stellen.

Gestern hatte er sie einem anderen Kollegen bekannt gemacht.

„Bist du, Sebastian, wahnsinnig? Wie konntest du mich nur mit dem Reinmar Zauner befreunden?"

Lächelnd packte Sebastian sie an den Schultern und säuselte: „Meine Liebe, du solltest deine Hütte auch gerne „Villa Wahnfried" nennen, da, wo dein Wähnen Frieden findet."

Empört schnaufte Isabella ihrem Bekannten entgegen.

„Mein Wähnen findet Frieden nur im Tode!" erwiderte sie unwirsch und donnerte ihre Faust auf die Tischplatte, sodass Sebastians cappuccinofarbenes, fransiges Hündchen ängstlich zusammenzuckte.

Denn, was bot sich Isabella gestern bei einem Empfange in der Schule für ein Anblick? Nichtsahnend betrat sie in ihrem smaragdgrünen Seidenkleide, dem einzig schönen, das sie in die Fremde mitnehmen konnte, den Raum; da stand der Musikkollege, der sich auf das Klavier stützte. Er war ihr zunächst abgewandt; sie konnte aber erkennen, dass er das für offizielle Anlässe übliche Schwarz-Weiß trug. Es stand ihm gut.

Sie näherte sich ihm vorsichtig und etwas misstraurisch.

Und dann geschah es.

Plötzlich drehte er sich um und Isabella war ihm sofort ausgeliefert.

Sie versuchte sich jener sanften Naturgewalt zu entziehen; doch gleichzeitig versank sie vor diesem Reinmar in jener jahrhundertealten sängerischen Begeisterung ihrer Ahnin Beatriz de Dia[1]; sie verfiel dem Liebreiz eines ewig jünglingshaften und doch erfahrenen Herrn… Und Musiker war er auch noch…

„Freut mich, dich kennenzulernen…" begann er freundlich.

Isabella erstarrte vor seligem Schrecken; gleichzeitig erwachte in ihr die Stimme… seine Stimme… Sie begann zu träumen…

Eine Stimme wie bittere Orange aus den Gärten meiner Väter gemischt mit der honiglichen Süße der Waben von den Hängen des Hymettos…

Locken wie die Gischtkronen eines Alpenbaches im Tale; Augen so grün wie die Tiefen der Seen meiner südlichen Heimat, dort, gleich

---

[1] Beatriz de Dia war eine Minnesängerin aus dem südfranzösisch-norditalienischen Raum, welche im 12. Jhd. wirkte. Sie wurde vor allem berühmt für ihre Lieder, welche sie einem Fürsten widmete.

benachbart die Spuren deines herzlichen Lachens so fein und so vergessenmachend wie die rosig durchscheinenden Blätter des weißen Mohnes in den blühenden Ebenen Syriens.

Lieber Herr, würde ich deine Wangen jemals küssen dürfen, so wäre ich selig bis zum jüngsten Tage; denn sie fühlten sich an wie der Stamm des jungen Brombeerstrauches dort bei meinem Hause. Lass mich nur noch ergründen, ob die Nadeln der Tannen dir ähnlicher sind als die der Pinie ...

Oh, wenn ich dein Bild immer so rein im Gesange bewahren könnte, immer in meinem Herzen… Rein wie den Gesang des Heiligen Geistes an Pfingsten…

Da Isabella allmählich wieder aus diesem Rausche angesichts des Musikers erwachte, tappte sie nach dem Arme ihres Kollegen, welcher die augenblickliche Verzückung Isabellas wohl bemerkte.

„Sebastian", klagte Isabella ihn an, „musste das jetzt sein?"

Der blondbezopfte Kollege lachte kurz und hell auf.

„Ach, komm! Was ist schon dabei? Und außerdem ist er ein guter Kumpel von mir."

„Mann, du bist ein wirklicher Rotzlöffel!" ver-
setzte Isabella empört, „Ich habe nach einem
recht verworfenen Leben die Keuschheit ge-
schworen und jetzt zeigst du mir das Muster an
reifer männlicher Schönheit, einen Mann, in
Liebesdingen erfahren? Nicht dein Ernst? Wie
soll ich als stürmisches, kaum gebändigtes süd-
ländisches Blut da jemals widerstehen kön-
nen?"

„Nun…" grinste Sebastian etwas verschwöre-
risch „nun, wenn du magst, könnte ich dein
allzu großes Begehren dem Reinmar gegenüber
durchaus abfangen – aber nur wenn du möch-
test…"

Und Isabella mochte.

* * *

Draußen am Hange des Burgberges standen im
Juni die letzten Zweige des Ligusters in Blüte.

Nun war alles für die nächste Zeit getan, ihre
Vertretung im Schuldienst war beendet und
unsere Isabella konnte sich in den letzten Tagen
ihres Aufenthaltes in Thüringen der Schriftstel-
lerei hingeben.

Sebastian hatte sie des Öfteren besucht und ihr manch eine Freude bereitet…

Dennoch wagte sie es nicht, diese letzte Barriere des Sagbaren zu überspringen, zumal ihre Gedanken eher bei Reinmar waren als bei Sebastian…

Eine große Versuchung überkam sie, der sie nachgeben musste.

Nun, was wäre, wenn…

Und dennoch will ich, dachte Isabella, all ihre Moral zusammenraffend, abseits der körperlichen Erfüllung, über Reinmar lediglich schreiben, meiner Vorfahrin Beatriz würdig[2]. Ich

---

[2] Ein überlieferter Canto der Beatriz de Dia (um 1140 - 1212) lautet:

Ich hatte großen Kummer
Wegen eines Edlen, der mir gehörte
Und ich will, dass man allzeit weiß,
Wie sehr ich ihn geliebt habe.
Nun sehe ich, dass ich betrogen wurde
Weil ich ihm nicht meine Liebe schenkte,
Weshalb ich sehr gelitten habe
Bei Tag und bei Nacht.

Ich würde gerne meinen Edlen
Eines Abends nackt in meinen Armen halten
Und wünschte, dass er glücklich wäre
Allein wenn ich ihm als Kissen diente

werde es nie erleben, aber in meinem Schreiben sollte das Schönste wirklich werden, so wie ich es meinen Schülern immer nahegebracht habe.

Das Wesen aller Kunst, des Schreibens, der Musik und des Gestaltens nämlich ist die Phantasie. Kunst aber ist der Trost jener Menschen, denen es nie wirklich vergönnt ist, bürgerliches Glück in Schönheit und Harmonie zu erleben. Doch dafür haftet die Kunst in gewisser Weise der Ewigkeit an.

Was wäre, dachte Isabella, denn das nun für mich erdenklich Schönste, das ewig Erstrebliche?

Ach Gott, wenn Reinmar zuvor bei seinem Freunde Sebastian unten am Waldesrand

---

Denn ich bin verliebter in ihn
Als es Floris in Blanchefleur war.
Ich schenke ihm mein Herz und meine Liebe,
Meinen Sinn, meine Augen und mein Leben.

Schöner, liebenswürdiger und guter Freund,
Wann werde ich Euch in meiner Gewalt haben
Wenn ich doch nur eines Abends mit Euch im Bett liegen
und Euch einen Liebeskuss schenken könnte!
Wisset, dass ich großes Verlangen hätte,
Euch anstelle meines Ehemannes bei mir zu haben,
Vorausgesetzt, Ihr hättet mir versprochen,
Alles zu tun, was ich wünschte.

weilte und sich nun zu mir in meine Tannen-
schonung verirren möchte…

Isabella lehnte sich im Halbdunkel zurück und
nahm einen tiefen Schluck aus ihrem kristalle-
nen antiken Glas,, das sie vor einiger Zeit auf
einem Antiquitätenmarkt in der Stadt erstand,
tauchte die Feder in das Tintenfass. Sie wollte
sich gerade dem Papiere zuneigen, als sie be-
merkte, wie es recht zaghaft an ihre Türe
pochte.

Verwundert schrak Isabella auf.

Wer könnte das sein?

Sebastian… der war es keinesfalls; der ver-
weilte sich nämlich gerade in Radstadt bei sei-
ner Bekannten…

Isabella richtete ihr zu dieser Uhrzeit recht de-
rangiertes Gewand, nahm den spiralförmig ge-
drehten Kerzenleuchter, tappte zur Tür und
öffnete.

Sie traute ihren Augen kaum.

„Grüß dich!“

Es konnte nicht wirklich sein.

Vor ihr stand Reinmar.

Gott, mein Herr, verzeihe mir, dachte Isabella bestürzt; ich habe nie damit gerechnet, dass ein Traum je Wirklichkeit wird.

Sie kroch sich in ihrem Geist förmlich zusammen und flehte nur: Vergib, mein Gott, ich zahle den höchsten Preis, den Preis für diese eine Nacht.

Das Flackern der Kerze ließ Reinmars grünglänzende Augen noch lebendiger, aber auch trauriger erscheinen.

Da zögerte er nicht lange und legte seine Hand vorsichtig auf ihre Schulter.

Isabella seufzte, neigte ihr Gesicht seiner Berührung entgegen und ihre Lippen wie auch ihre linke Hand ertasteten seine Fingerspitzen.[3] Beide zitterten vor der Zartheit und Hingabe dieses innigen Begegnens, das so ewig war wie die uralten Sagen längst vergangener Zeiten.

In dieser einen Geste wurde alles Lieben lebendig.

Und aller Verlust.

---

[3] Erinnert euch an das Relief *„Orpheus. Eurydike. Hermes“*, welches man im Museo Nazionale in Neapel sehen kann.

Ja, vielleicht erahnte sie schon, wohin dies heute führen würde. Denn noch war die Tinte in ihrem gläsernen Fasse nicht eingetrocknet.

Sie geleitete Reinmar zu dem Bette, und da es für eine Juninacht recht kalt war, entfachte sie das Feuer im Küchenofen. Sie brauchte es ohnehin, da sie ein weiteres Mal Wasser erwärmen musste, um sich später zu waschen und dann sich in den Decken und dem Schlafsack zu vergraben.

„Du,“ begann Reinmar im Halbdunkel, „du wirst bald wieder in den Süden weggehen. Das ist sehr schade.“

Isabella hantierte mit dem Topfe auf dem Küchenofen und nickte. Insgeheim hoffte sie, dass Reinmar ihre Tränen nicht sehen konnte. Wer nun wirklich gehen würde, das stand nicht fest.

Sie wandte sich zum Regal und griff nach dem Kruge.

„Reini, Lieber, lass uns noch einmal zusammen sein, reden und Wein trinken! Glaub mir, ich werde unsere Gespräche in der Fremde sehr vermissen.“

Ohne seine Antwort abzuwarten, schöpfte sie aus dem sich neigenden Fasse Wein in der Ecke des Raumes für ihren blauen Krug und stellte den nebst einem Tonbecher auf den Tisch.

„Was schreibst du da eigentlich?" wollte Reinmar wissen, als er sich interessiert Isabellas Skripten am Tische zuwandte.

Gottlob, dachte Isabella, gottlob kann er jetzt meine Gesichtsfarbe nicht sehen.

„Ich schreibe gerade über … zwei Menschen …", murmelte sie verlegen.

„Darf ich lesen?", fragte Reinmar und Isabella konnte es nicht verhindern.

Sie schenkte dem Herrn den Becher voll, den er während der Lektüre bedächtig austrank.

„Er wird den Weg hinauf zur Hütte finden," zitierte Reinmar aus ihrem Schreiben, *„anklopfen und … und … Isa…"* plötzlich erstarrte er, als er der Zeitgleichheit des Geschriebenen mit dem gegenwärtigen Erleben gewahr wurde, „Isa, bist du eine Prophetin?"

„Nein, ich denke nicht," versetzte sie gespielt kühl.

Nichts anmerken lassen, nichts!

Aber das konnte sie nicht. Sie war bereits zu sehr verstrickt.

Isabella ließ sich auf der Eckbank neben Reinmar nieder und lächelte angespannt still bei sich.

„Ich bin nur eine … Zeitzeugin … Leben und Werk verweben sich soeben, wie es scheint … lass uns nun, bester Freund, dieses Kapitel vielleicht glücklich… glücklicher zu Ende schreiben als es von vornherein gedacht war …"

Nun war es an Reinmar, zu erröten.

Er stand auf, auch Isabella erhob sich.

„Isa," begann er recht zögerlich, streckte beide Hände bittend nach ihr aus.

„… Darf ich … dich …"

Wie zur Antwort hielt Isabella dem Reinmar die Kordel hin, welche ihr rotes, seidenbesticktes orientalisch anmutendes Obergewand zusammenhielt.

Vorsichtig zog er daran.

Ihr Kleid glitt in dem kerzenbeschienenen Halbdunkel knisternd zu Boden.[4]

Da wandte sich Isabella Reinmar zu, küsste niederneigend seine Stirne und schließlich kehrte sie sich ab, um das auf dem Ofen erwärmte

---

[4] Eine Anspielung an die „*Carmina Burana*": *Stetit puella rufa tunica.*"

Quellwasser mit dem kalten Nass in dem Blechschaff zu mischen.

Wortlos stieg sie dann in die kleine Wanne und hielt Reinmar, der sich nun erhob, wie zur Aufforderung den wassergetränkten Meerschwamm hin.

* * *

Ja, ich habe diesen großen Spiegel nicht vergebens erworben, dachte Isabella, da sie mit diesem wunderbaren Manne davor stand.

Reinmar und ich in der innigsten Umarmung, …wir erblicken uns doch beide aus der anderen Seite des Spiegels wie von einer anderen Seite des Daseins her an, unsere Augen ineinander verwoben wie ein seltenes, blumenbesticktes indisches Schleiertuch.

Wir halten uns umfasst…*dein Haupt ruht an meiner Brust…*[5]

„Wie bist du doch schön…", murmelte Reinmar.

---

[5] Vgl. Das *Hohe Lied*, 1,13-16. Diesem folgen die Zitate. Und, ja, lieber Dr. Scheidig, ich habe mir den Wolf recherchiert, bis ich erkannte, dass mir diese Verse von J.F. Doppelbauers *Madrigal V* erinnerlich waren…

Das heimliche Kerzengeflacker, dachte Isabella, erfüllt das Bild mit noch mehr Sinnlichkeit und Wärme, welche ich nun in diese, unsere Bettdecke trage, mit der ich dich, meinen süßen Geliebten, umgebe, damit ich bei dir, an dich geschmiegt, einschlafen kann… ein Schlaf, in dem ich der Ewigkeit entgegenträumen werde. Ein einziges Mal.

Nur einmal schlafen…

„Unser Bettchen ist voller Blumen…"

Was für ein schöner Traum…

* * *

Des Morgens tastete sich Reinmar in der Dämmerung zur Tür der Hütte.

Traumbenommen stolperte er dann den Pfad hinab.

Was war geschehen? Was hatte er erlebt?

Hatte ihm jemand Gewalt angetan?

Nein, das konnte nicht sein! Er hatte nur Liebe erfahren, reinste Liebe.

Reinmar erreichte die Straße unten, den verabredeten Treffpunkt und sammelte sich.

Alles war gut, in nahezu bester Ordnung.

„Und," witzelte der Rotzlöffel Sebastian später in seiner Art, als er Reinmar an der Straße auflas, „wie war es denn im Venusberg?"

Reinmar zögerte erst, doch dann fasste er Sebastian, seinen besten Freund, ernst an beiden Schultern.

Tränen umglänzten Reinmars flussgrüne Augen.

„Lieber Freund, ganz ehrlich: zum Sterben schön."

* * *

… Als Isabella nach einer Wallfahrt in den Ferien, zu der sie sich mehr zufällig, ja, vielleicht aus schlechtem Gewissen entschlossen hatte, wieder zurückkehrte, traf sie Reinmar nicht mehr an.

So viel sie auch nach ihm suchte, er war wie vom Erdboden verschluckt.

Es wurde ihr später gesagt, dass Reinmar und Sebastian während ihrer Abwesenheit bei einer Fahrt über die Serpentinen des Mittelgebirges mit dem Automobile tödlich verunglückten.

Die Grundlseefrau

Das Herz der Alpen ist karg und dennoch anmutig, weil die Natur sich hier von ihrer wildesten und sanftesten Seite zeigt. Daher hat dieser Landstrich schon immer nicht nur bemerkenswerte Menschen, sondern auch uralte Sagen hervorgebracht. Sie wuchsen mit den Bewohnern, und manch einer gab diesen Schatz, welchen er von den Voreltern geerbt hat, an die Jüngeren weiter.

Vor vielen Tausenden Jahren siedelten bereits Menschen rund um den Grundlsee im steirischen Salzkammergut. Sie schätzten die Gegend trotz ihrer Rauheit, da die satten Wiesen für das Vieh eine gute Weide waren und der Berg ihnen einen unversehenen Reichtum durch kostbare Erze und durch das Salz gewährte. Ja, das Salz dieser Gegend war weithin bekannt und es wurde wegen seiner Reinheit noch vor dem Salz aus dem Meere geschätzt.

Dort am Grundlsee lebte vor langer Zeit auch ein Mann mit seiner Familie, ein Bergarbeiter, der gewissenhaft und treu für Familie, Haus und Hof sorgte. Neben seinem Sohn hatte er auch ein kleines Mädchen, das er Svea nannte.

Dieses Kindlein spielte gerne am Ufer des Sees, doch eines Tages verunglückte es und wurde in die Tiefe der Wasser gezogen.

Aber wie durch Wunderhand ertrank es nicht, es lebte am Grunde des Sees weiter und es wurde mit den anderen Wasserkindern zu einer anmutigen Seejungfrau. Man muss von den Wasserwesen wissen, dass sie zweiundzwanzig Jahre lang heranwachsen und dann nicht mehr altern, es sei denn, sie verlieben sich in einen Menschen.

Mit der Zeit wurde aus dem kleinen Mädchen Svea eine immerjunge Frau, über welche die Wasser jahrein, jahraus hinwegfluteten. So brachte sie mehr als dreitausend Jahre mit den anderen Wesen der Tiefe im Grundlsee beim Schlosse eines milden Herrschers zu.

Einmal im Jahr stiegen die Seejungfrauen zur Oberfläche auf, um den klaren Himmel der Alpennacht zu sehen, im Scheine der Sterne zu schwimmen und nachts in den Ansiedlungen der Menschen umherzustreifen und allerhand Schabernack zu treiben. Alle von ihnen waren begabt und sie sangen mitten im See ihre verträumten Weisen. Sie bemerkten dabei den Lauf der Zeiten und wie sich Zusammenhalt und Lebensanschauung der Seeanwohner änderten.

„Schau!", sagte ein anderes Seeweibchen namens Nora zu Svea, „die Menschen denken jetzt anders, sie glauben nicht mehr an die alten Götter der Natur. Seltsam… aber den Glauben an uns Seebewohner haben sie dennoch nicht verloren, vor allem die Kinder nicht. Seit einigen Jahren kommt des Sommers immer ein Knabe an das Ufer… an jenes Ufer, wo dich der See verschlungen hat, vor grauer Zeit. Aber, was ist schon Zeit, wir sind ihr ja enthoben, wir altern nicht. Komm, heute ist die Nacht, wir dürfen heute wieder auftauchen, vielleicht ist der kleine Kerl wieder da! Aber du weißt schon: Wenn du dich verliebst, bist du die neue Grundlseefrau! Das ist ein Wassermädchen, das sich freiwillig für das Altern und den Tod entschieden hat, weil es einen Sterblichen liebt. Und diesen Menschen muss sie dann eines Tages mitnehmen in den See, auf nimmer Wiederkehr!"

Das Mädchen Svea zuckte nur die nassen Schultern und meinte: „Was soll schon sein? So viele tausend Jahre habe ich mich nicht verliebt in einen Menschenjüngling. Sei unbesorgt!"

So tauchten beide auf. Der Mond beschien ihre Häupter, da sie an die Wasseroberfläche gelangten.

Die schweigende Nacht durchzog mit einem Male ein Klang, von dem das Wassermädchen Svea angezogen wurde.

Auf einem Stein am Ufer, genau wo der See die höchste Tiefe erlangte, saß wirklich ein junger Bursche, den Blick auf das Wasser gesenkt. Er versuchte zu singen und als ihm dies mit seinen vierzehn Jahren nicht mehr so recht gelingen wollte, griff er in seinen Rucksack, holte eine Flöte hervor und hob an zu spielen.

Die beiden Seemädchen verharrten vor Bewunderung still in seiner Nähe. Leise sangen sie zu seinem Spiel.

Von den Tönen ergriffen glitt Svea lautlos durchs Wasser bis sie zu des Knaben Füßen unbemerkt auftauchte und ihm weiter lauschte.

Etwas ungelenk ist er, dachte sie, aber hübsch war der kleine Kerl doch!

Das Seeweibchen Svea vergaß ganz auf ihre Freundin Nora. Sie versank völlig in diesem Augenblicke. Als der junge Bursche so dasaß und Flöte spielte, geriet sie ins Wanken.

Ja, dachte sie bei sich, ja, vielleicht könnte ich um dieses Knaben Willen meine ewige Jugend aufgeben. Ich will ja eine richtige Grundlseefrau sein, ich will einen lieben, ihn eines Tages hinabziehen und mit ihm sterben. Dieser Augenblick der Liebe ist es, der mich selig machen wird. Aber… der hier zählt ja noch keine vierzehn Jahre! Nein, er soll leben!

Damit tauchte sie wieder hinab.

Er bemerkte sie nicht, er meinte bei dem Geräusch, es sei vielleicht ein Fisch gewesen, der das Wasser in Aufruhr brachte. Er schloss nur kurz seine Augen, schüttelte den Kopf und spielte weiter.

So ging es viele Jahre lang.

Der Knabe wurde zum Manne und nie zeigte sich Svea ihm. Aber sie mochte ihn sehr, hörte ihm zu, sang mit ihm aus der Ferne, wenn er am Ufer saß; aber einmal im Jahr wagte sie sich immer heran, wenn sie näher auftauchen durfte.

Und so träumte sie Jahre und Jahrzehnte von ihm und wohnte am Grunde des Sees im Schlosse des milden Königs. Ihre Jugend verfloss von nun an mählich wie das Wasser in genau dem Maße, wie sie zu lieben begann.

Der Jüngling aber wurde gemäß dem Schicksale der Menschen reifer; viel mag er wohl gesehen, viel gelebt und viel geliebt haben.

Eines Tages saß er wieder am Ufer des Grundlsees, an dem Platze seiner Kindheit, seiner Jugend.

Dieweil er, der inzwischen ältere Herr, wieder Flöte spielte und dann sein Blick über die unbewegte Fläche des klaren Wassers glitt, tauchte Svea vor ihm auf.

Es war nur ein kleines Plätschern, das ihre Anwesenheit kundtat. Der Grundlsee gab sie schließlich frei.

Wie lange wartete sie schon auf diesen Augenblick!

Jetzt war sie bereit, eine wirkliche Grundlseefrau zu sein. Sie hatte ihre Jugend freiwillig eingetauscht für die Liebe.

Heute ist der Tag… Heute wird sie sich ihm zeigen in all ihrer vergehenden Jugend.

Als er ihrer ansichtig wurde, erschrak der Mann zunächst.

Svea stieg neben ihm ans Ufer, nur bedeckt mit den Ranken von Schlingpflanzen, die sich um ihre fräulichen Brüste ringelten. Die dunklen

Haare fielen nass und schwer auf ihre Schultern, ihr Leib erstrahlte in der Mondennacht hell wie Elfenbein.

„Komm…", flüsterte sie, streckte ihre wassertriefende Hand aus und er ließ sich von ihr ergreifen, obwohl er sie nicht kannte.

„Wer bist du?", murmelte er.

„Ich weiß um dich seit deinen Knabentagen, habe dir zugehört, als du jahrelang Flöte spieltest. Ich bin heute zu einer Grundlseefrau geworden … weil ich liebe… dich liebe." entgegnete Svea, „und du bist der meinige, jetzt und auf nimmer Wiederkehr!"

Daraufhin fasste sie den nun gealterten Jüngling an beiden Händen, streichelte sein ergrautes Haar, küsste ihn auf den Mund; es fiel ihr leicht, obwohl sie derlei noch nie in ihrem langen Leben als Seemädchen getan hatte.

Wie kann sie mich begehren, fragte sich hingegen der Mann bange, ich bin doch schon alt, unansehnlich und … ach, was weiß ich, was alles.

Aber Svea erkannte seine Gedanken.

„Hab keine Angst, ich teile nun mit dir das Alter, welches dir unnötigerweise Kummer macht. Denn menschliche Liebe ist größer als die eitle Sehnsucht nach ewiger Jugend. Auf dem Grunde des Sees wirst du von nun an immer mit mir singen. "

Danach verstummte jedes Wort zwischen ihnen. Svea strich dem Manne vorsichtig die Kleidung vom Leib und zog ihn dann zärtlich zu sich ins Wasser. Sie fühlte sein ängstliches Zaudern, seine Unentschlossenheit zugleich mit der freundlich sanften Anmutung seiner warmen Haut.

Verwundert erblickten sie einander und erschauten ihrer beider Bild auf der nachtspiegelnden Oberfläche des stillen Sees.

Da standen sie: zwei Wesen, die sich Jahre lang belauschten und sich doch nie sagen konnten, wie sehr sie den jeweils anderen begehrten.

Sie liebkosten sich schweigend, erkundeten innig ihre unvollkommenen Leiber und wussten am Ende nicht mehr, was bestürzender war: die Tiefe des Sees oder die ihrer Augen.

Lautlos sanken sie ins sommerwarme Uferwasser des Grundlsees hinab, rollten in die Tiefe und niemand hat beide von diesem Tage an je mehr gesehen.

Die Bewohner des Grundlsees vermissten am nächsten Morgen den Mann. Sie fanden am

Ufer nur sein Hemd, seine Hosen und eine silberne Flöte.

„Die Grundlseefrau wird ihn wohl geholt haben", meinte ein alter Bauer vor Ort am Abend in der Schenke, „der hat nicht aufgepasst. Die Wassermädchen mögen Musik; wenn sie dich singen oder spielen hören, kommen sie heran und singen mit dir, bis du ihnen in den See folgst. Aber sie haben eigentlich nichts davon. Sie sterben zusammen mit dem Manne, den sie einst verlockten. Ihre Jugend vergeht binnen Augenblicken. Das ist der Preis für ihre hingebungsvolle Liebe."

Der Alte seufzte. Als seine Großmutter ihm von den Sagen erzählte, die sich um den Grundlsee ranken, hielt er alles nur für Altweibergerede… Mädchen im See, das gibt es doch nicht! Mädchen, die erst dann zur Frau werden, wenn sie einen Menschenmann mit in die Tiefen des Sees ziehen, um endlich selbst zu sterben.

Aber vielleicht ist doch etwas dran…

Da kam unversehens ein junger, hochgewachsener Kerl mit seiner Violine in die Dorfschenke und setzte sich zum Bauern. Der bewillkommnete ihn recht freundlich, flüsterte ihm aber sofort ins Ohr: „Nimm dich in Acht und geh nicht zum See und vor allem: Spiele dort nicht! Die nassen Frauen vom Grundl gehen wieder um!"

42

zum See und vor allem: Spiele dort nicht! Die nassen Frauen vom Grundl gehen wieder um!"

Drei Erzählungen für Tom

Professor Staudinger

In meinem Leben ereignete sich bisher tatsächlich einiges, das man als paranormal bezeichnen könnte.

Als ich ein Kind war, unternahm mein Vater viele Ausflüge in die Wälder rund um Salzburg, weil wir zu Anfang der 80er-Jahre dort in der Nähe wohnten. Wenn ein Mensch noch sehr jung ist, dann kommen ihm seltsame Erscheinungen in der Natur nicht beunruhigend vor, ja vor allem für die Kinder, die sich viel in den Wäldern aufhalten und eine Verbindung zur Pflanzen- und Tierwelt fühlen, scheint es normal, dass sie sich als Teil der Umwelt sehen und mit ihr in den Kontakt treten können. Für diese Gabe bin ich sehr dankbar, weil sich daraus eine Feinfühligkeit vielen unsichtbaren, nur mit dem Herzen wahrnehmbaren Dingen gegenüber entwickelte. Diese Fähigkeit behielt sich mir über die Kindheit hinaus.

In diesen Episoden soll es nun um Erlebnisse gehen, die sich auf den Tod beziehen.

Ich war im Jahre 1997 in der 9. Klasse Gymnasium, und wie es so ist, hatten wir Lehrer, mit denen wir teils gut, teils weniger gut auskamen: Manche erschienen mir zu überdreht, die anderen zu affektiert, andere gespielt streng. Unser Englischlehrer aber war das, was man heutzutage an den Schulen "authentisch" nennt. Er vermochte es in der Ehrlichkeit seines Herzens sowohl über den Unterrichtsstoff als auch über eigene Vorlieben und Hobbies mit uns Schülern zu sprechen. Wir mochten ihn alle, doch er schien mir in seiner feinen, begeisterten Art sehr verletzlich. Vor den Osterferien fragte ich ihn nach seiner Lieblingsmusik und er verwies mich enthusiastisch auf die Chormusik der englischen Renaissance. So verabschiedeten wir uns.

Während der Osterferien bot die Schule immer einen Schüleraustausch mit Houston, Texas an, und er war einer der drei Englischlehrer, welche die Gruppe unseres Gymnasiums begleiteten.

Am Samstag jedoch, ehe die Schule wieder begann, hatte ich in der Nacht einen seltsamen Traum: Ich war im Begriff, das Schulgebäude durch das Haupttor zu betreten, ich weiß noch, wie ich den Bronzegriff der Glastür in der Hand hatte und in das mit orangefarbenen Fliesen gekachelte Treppenhaus ging. Es war mir im Traume sehr beklommen zumute, da ich in den Gesichtern meiner Mitschüler große Bedrückung sah. Insgesamt wirkte die Atmosphäre sehr düster und wie mit einem schwarzen Nebel verhangen. Einer nach dem anderen kam mir mit tränennassen Augen oder schluchzend entgegen... dann verschwand diese Schau und ich erwachte verwirrt.

Am darauffolgenden Montag war wieder Schule, alles schien normal und der Traum war schon fast vergessen, da kam mir in eben dem Treppenhaus mein Musiklehrer entgegen, aber nicht so fröhlich wie sonst, sondern sehr, sehr traurig. Da ich ein tiefes seelisches Band zu dem Musiklehrer habe, wusste ich, dass irgendwas nicht stimmen konnte.

Wir saßen in der ersten Stunde und warteten fröhlich schwätzend auf unseren Englischlehrer.

Doch statt seiner erschien unsere Direktorin. Sie war schwarz gekleidet.

Wir erhoben uns.

"Kinder," begann sie, "Ich muss euch sagen, dass euer Englischlehrer nicht mehr kommen wird. Er hat sich auf dem Schüleraustausch vorgestern am Samstag das Leben genommen." Damit ging sie.

Fassungsloses Entsetzen ergriff uns, viele begannen sofort zu schluchzen und zu weinen, nur ich saß wie versteinert da.

War es möglich, dass ich diese Trauer vorausahnen konnte?

Es ging mir sehr nah, da ich auch den Englischlehrer sehr lieb hatte und selbst mit meinen 16 Jahren nicht wusste, wie ich mit der Trauer umgehen sollte. In der Pause klopfte ich daher bei meinem Musiklehrer und der riet mir am Abend in den Kammerchor der Stadt zu gehen.

Und was wurde zu meinem freudigen Entsetzen geprobt? Musik von einem englischen Renaissancekomponisten ...

Seit diesem Tag wusste ich, dass für mich Sprache, Musik, Liebe und Tod immer zusammengehören würden.

Maria

In meinem Studium an der katholischen Universität Eichstätt-Ingolstadt lernte ich vieles neu kennen, was mir vorher zusätzlich nicht bewusst war. Ich beschäftigte mich sehr viel mit Spirituellem und dem katholischen Glauben und wurde im Laufe der Jahre zu einer überzeugten Christin, vielleicht auch, weil mir die Dinge der Religion nicht in die Wiege gelegt waren, sondern weil ich sie mir in meinem Geiste erringen musste.

Nach dem Studium unterrichtete ich zunächst zwei Jahre, doch weil es nur Vertretungsstellen waren, und ich ohnehin wieder in die Heimat Österreich zurückwollte, nahm ich eine Sekretariatsstelle am Pfarramt in Bruck an der Mur in der Steiermark an.

Da meine Mutter zu der Zeit eine Erbschaft gemacht hatte und ich sie überzeugen konnte, dass Geld zurzeit besser in Immobilien angelegt sei als auf der Bank, entschied sie sich, eine Wohnung zu kaufen, in der ich vor Ort wohnen könne. So suchte ich in Bruck nach einer angemessenen, kleinen Wohnung, die meinen Bedürfnissen entsprach.

Alsbald wurde ich fündig, ich entschied mich für ein Objekt in einem nicht zu großen Mehrparteienhaus aus den 60er-Jahren, das aber außen neu renoviert worden war. Innen war die Wohnung praktisch im Originalzustand.

Wie konnte das sein?

Die Verkäuferin erzählte mir Folgendes:

Sie war die Pflegerin der hochbetagten Frau Maria, welche ihrerzeit selbst als Krankenschwester gewirkt hatte. Sie hatte sich die Wohnung damals gekauft und nach eigenen Wünschen eingerichtet.

Als die Dame nun in die Jahre kam, aber immer noch recht rüstig war, doch immer mehr auf Unterstützung angewiesen war, stellte sie eben jene Verkäuferin als Pflegerin ein und machte sie laut Testament zur Erbin der Wohnung mit allem, was sich darin befand.

Nun starb die Dame hochbetagt und da die Pflegerin bereits selbst eine Wohnung hatte, entschloss sie sich zum Verkauf.

Bei der Besichtigung verliebte ich mich sofort in diese sonnendurchfluteten Räumlichkeiten im vierten Stock des Hauses in einer sehr ruhigen Gegend von Bruck. Die Einrichtung, die

Tapeten, alles glich einer Zeitkapsel aus den 60er-Jahren! Freilich waren Bad und Küche arg sanierungsbedürftig, aber dafür waren Wohn- und Schlafzimmer top. Da wollte ich nichts rausreißen, zumal mich das Mobiliar ein wenig an die Einrichtung bei meiner Oma in Wien erinnerte. Vor allem die hohen, dunkelfurnierten Kleiderschränke im Schlafzimmer.

Meine geschäftstüchtige Mutter verhandelte gut und so war der Kauf bald perfekt. Ich durfte einziehen und meine wenige Habe in den bereits vorhandenen Schränken und Kästen verstauen.

Die einzige Veränderung, die ich sofort vornahm, war, dass ich im Schlafzimmer den Teppichboden rausriss und das alte Bett der Dame Maria durch mein eigenes ersetzte.

Es muss in der zweiten Woche nach meinem Einzug gewesen sein. Ich begab mich früh zu Bett und schlief nach einiger Zeit ein.

Plötzlich hörte ich ein leises Knarzen und schrak auf, konnte mich aber nicht rühren. Ich starrte nur geradeaus auf die Umrisse des Kleiderschrankes. Etwas hatte sich dort verändert ... ja, die Tür, die ich mit Sicherheit am Abend verschlossen hatte, war aufgeknarrt.

Angestrengt versuchten meine Augen, die Dunkelheit zu durchdringen... dann standen mir die Haare zu Berge.

In dem Schrank erahnte ich die Umrisse einer kleingealterten, etwas molligen Frau in einem hell-dunkel-gestreiften Kleid. Zu ihren Füßen meinte ich eine schwarz-weiß gefleckte Katze zu sehen. Keines Wortes mächtig starrte ich sie an, bis sich die Erscheinung auflöste.

So ging es mehrere schlaflose Nächte hindurch, immer erschien die Dame mit ihrer kleinen Katze. Ich aber spürte keine Angst, es war, als wolle mich die Dame zu etwas auffordern.

An einem der nächsten Tage fragte ich unseren Kaplan, einen jungen Osteuropäer, was ich von der Erscheinung halten solle.

Der Kaplan meinte, dass dieses nicht so unüblich sei, wenn Verstorbene vom einstigen Besitz nicht loslassen könnten.

Also hielt ich mich an den Rat des Geistlichen.

In der kommenden Nacht stand die Dame wieder im Schrank.

Diesmal nahm ich meinen ganzen Mut zusammen, setzte mich auf und sagte laut: "Maria, du warst immer so ein hilfsbereiter, fröhlicher Mensch, schau, du hast jetzt eine viel schönere

Wohnung, so schön, wie es keine auf Erden gibt! Ich muss meinen Weg noch gehen, du hast ihn vollendet. Der Friede sei mit dir!"

Und ich machte das Kreuzzeichen.

Am folgenden Sonntag ließ ich für die Seele der Dame Maria eine Heilige Messe aufopfern. Seitdem hat sie sich nicht mehr gezeigt.

Die Grube

Ich habe dir ja schon manches erzählt, mein lieber Tom.

Ich wohne nun in einer mittelgroßen Landstadt der Steiermark, in Bruck an der Mur. Es ist ein recht beschaulicher Ort, an dem sich im Vergleich zur großen Stadt die Gewalt in Grenzen hält. Abgesehen von ein paar Wirtshausstreitereien lässt es sich hier gut und sicher leben.

Doch das, was ich dir heute erzählen werde, ist sehr unheimlich, jedenfalls erschien es mir so.

Wie immer kehrte ich auch heute von meinem Arbeitsplatz in der Caritasstelle der Stadt recht zufrieden heim. Einigen Notleidenden wies ich einen überdachten Schlafplatz zu, wo sie sich auch etwas kochen konnten; denn im September würden die Nächte schon kälter und unwirtlicher über das Land hereinbrechen. Am Nachmittag tätigte ich noch einige Einkäufe, traf eine Freundin und begab mich dann abends in meine noch recht neue Wohnung. Die Vorbesitzerin Maria hatten der Herr Kaplan und ich beruhigen können, wie ich dir ja unlängst schrieb, doch ich wusste nicht, was der Preis dafür sein würde.

Ich wollte mich rechtzeitig schlafen legen, um am nächsten Tag wieder einsatzbereit zu sein.

Allerdings war Schlaf in den vergangenen Tagen Mangelware, da viele Gedanken auch des Nachts mich nicht losließen, daher versuchte ich es wenigstens heute, zur Ruhe zu kommen.

Doch weit gefehlt!

Ein unterschwelliger Brummton beunruhigte mich, auch vermeinte ich das Summen von Fliegen zu hören ... Vielleicht war es auch nur eine Irritation, weil der Nachbar zu laut Fernseher schaute. Ich fragte nach, aber nein, sie hatten weder TV noch Radio laufen.

Vielleicht doch Fliegen?

Das war vollkommen unmöglich, wir hatten September, da konnte es in unseren Breiten nicht mehr sein, dass irgendwelches Insektengetier umherschwärmte.

Allein, dieses seltsame Brummen und Summen begleitete mich die gesamte Nacht, in der ich beunruhigt den Morgen heranwachte. Ich starrte schlaflos an die Decke meines Zimmers und die Muster der Tapete schienen sich zu eigenartigen Gestalten zu verstricken ...

Entsprechend gerädert erschien ich den nächsten Tag im Dienst und mit meiner

Konzentration stand es nicht zum Besten. Ich ersuchte meinen Chef, den Herrn Pfarrer, um Beurlaubung ab der Mittagspause, weil es mir wirklich nicht gut ging. Als junger Mensch steckt man so manche schlaflose Nacht noch weg, doch ab einem gewissen Alter zermürbt das einen. Erst im Nachhinein weiß ich, dass man es auf meine Zermürbung abgesehen hatte.

Ab dem Zeitpunkt, da ich das Büro verließ, begann es.

Anstatt mit meinem Rad nach Hause zu fahren, schlug ich die gegenteilige Richtung in das sogenannte Weitental bei Bruck ein. Mich bekümmerte kein rechts und links, wie in einem Tunnel fuhr ich dem Orte zu, den ich sonst sehr gern und in heiterer Gesinnung aufzusuchen pflegte; denn es handelte sich um ein idyllisches Tal mit einem kleinen Bächlein, einer Fischzucht und einer Vogelstation. Ganz hinten wartete auf den Wanderer noch eine schöngebaute Quellfassung, aus der immer das kühle Nass hervorsprudelte.

Doch heute war es anders.

Gepeitscht und getrieben fuhr ich zu dem ersten Tümpel des Tales, warf mein Rad ins

Gebüsch, strebte auf einen Gedenkstein zu und glaubte auf dessen Oberfläche geisterhafte Bewegungen einer von mir nie zuvor wahrgenommenen, unbekannten Struktur zu erkennen. Die Moose und Flechten verwandelten sich in ein feines Räderwerk, das ich berührte.

Seit diesem Moment verlor ich jegliches Bewusstsein für die Zeit.

Irgendetwas hatte von mir Besitz ergriffen, es zog und drängte mich den von Wurzeln gesäumten, steilen Abhang hinauf zu einem zwischen Berg und Tal gelegenen Plateau, das von Brombeerstauden und Dornen umrankt war. Da es langsam dunkelte, sah ich nichts mehr, bis ich einer Stimme gewahrte. Sie schien freundlich.

„Folge mir!"

Geradezu willenlos kämpfte ich mich durch das Dornengestrüpp. Ich hatte nur Sandalen an und einen kurzen Rock, doch ich spürte kein Kratzen und keinen Schmerz.

Plötzlich wurde ich zu Boden, mitten in die Dornen geworfen – oder stolperte ich? Ich weiß es nicht mehr.

So verharrte ich eine unbestimmte Zeit in seltsam wacher Benommenheit.

Da ergriff irgendetwas meine Hand und keuchte: „Du liebst zu viel! Komm mit! Aber gehe rückwärts, schau nicht auf!"

Folgsam senkte ich meinen Blick, obwohl ich das keineswegs wollte und ging rückwärts.

Was ich dann sah, ließ mir das Blut in den Adern gefrieren: Vor meinen sandalenbeschuhten Füßen erkannte ich zwei Hufe!

Doch ich konnte nichts tun, ich war wie paralysiert und musste mich in diesen seltsamen Tanz rückwärts und stets im Kreise führen lassen.

Inzwischen war die Nacht hereingebrochen.

Das Wesen führte mich weiter nach vorne, wo eigentlich die Fischzucht war.

Jetzt glühten die Teiche, die am Tage sonst ganz normal und mit glitzernden Jungfischen durchleuchtet waren, in einem seltsamen von innen her leuchtenden Braunton.

Was ich dann sah, erzeugte eine Übelkeit in mir, die ich sonst nicht kannte.

Es streubt sich auch jetzt, Jahre später, noch alles in mir, dieses zu erzählen.

Ich erblickte eine Grube.

In dieser befanden sich augenscheinlich menschliche Leiber, die bis zum Halse in den grauenerregendsten Ausscheidungen tierischen Lebens schwammen. Diese ganze entsetzliche Szenerie wurde nur beleuchtet von den fahlen Flammen des stinkenden Fäulnisgases.

Unter Ekel und Graus wälzten diese menschenähnlichen Gestalten weitere Leiber heran, besudelt von Kot und Unrat.

Ich sah, wie sie gegen das Ertrinken in dieser Güllegrube menschlichen Verzweifelns wehrten und doch einer nach dem anderen in dem furchtbaren Dreck untergingen.

„Dies," höhnte das Wesen, „dies ist meine unterste Sklavenschaft. Hochmütig wie ich haben sie das gottgegebene Leben von sich geworfen."

Der Weg war zu einem Strom von ätzendem Erbrochenen geworden und die angstvollen Münder all jener Unglücklichen in der Grube mussten es schlucken. Schlucken und schließlich untergehen.

Langsam wurde mir klar, um wen es sich bei dem Wesen mit den Hufen handelte, das mich zu diesem furchtbaren Anblick geführt hatte.

In diesem Moment ging der Vollmond hinter dem gegenüberliegenden Hang des Tales auf.

Ich schaute noch immer zu Boden. Aber da erahnte ich die schemenhafte Silhouette eines Schädels genau neben dem Boden, auf dem meine Füße standen.

Dem Schädelschatten entwuchsen zwei gekrümmte Fortsätze ...

Es durchzuckte mich, und urplötzlich war ich wieder Herr meiner Sinne.

„Verschwinde!", schrie ich verzweifelt und fasste an das silberne Kreuz, das ich um den Hals trug.

Plötzlich wurde ich von einer unsichtbaren, sehr bösen Macht den Abhang hinuntergetreten und landete auf dem Forstweg im Tale, mit nichts als dem tröstenden Vollmond über mir, der mich die ganze Wahrheit über dieses schlimme Erleben gezeigt hat. Ich fiel in Ohnmacht.

Anderntags fanden mich zwei Wanderer und ich war kaum bekleidet; warum, wusste ich nicht, ich hatte doch nichts ausgezogen, oder doch? Jedenfalls wusste ich das nicht mehr. Ich kam in das örtliche Spital, wo man mich von den eingetretenen Dornen befreite. Ich hätte eine Psychose gehabt, sagten sie.

Die rührte gewiss auch von einer schlaflosen Woche her, in der jedes Ruhen unmöglich war.

Doch ich bin mir sicher, dass ich einen Teil der Hölle gesehen habe.

Ich möchte klarstellen, dass ich nicht an die Hölle glaube, eher an das Gefühl, das sie uns schon in unserem Leben zu vermitteln vermag, dieses Gefühl des Ertrinkens in Schlamm, Matsch und Unrat der eigenen Verschlossenheit gegenüber dem Leben, vor allem dem eigenen Leben.

Denn Jahre später erst verriet mir eine Freundin, dass das Weitental von Bruck bei Selbstmördern sehr beliebt sei. Viele haben sich dort erhängt oder anderweitig ihrem Leben ein Ende gesetzt.

Ja, ihre Geister und die Folgen ihres verzweifelten Tuns an ihren Seelen sind dort jedem präsent, der in diesem „Wald der Toten" innehält.

Niemandem wünsche ich eine so schreckliche Schau, wie ich sie erlebte.

Doch ich wünsche jedem Menschen die Stärke und das Gottvertrauen, sein Leben mit allen Unbilden irgendwie und trotzdem zu meistern.

Blau

Ein letztes Mal zerrte die Hebamme an dem Kind, ehe es aus dem Mutterleibe hervorkam.

„Blau", sagte die weißbekittelte Frau tonlos.

Sie schielte vorsichtig zur erschöpften Mutter, welche die Arme nach dem ersehnten Sohne ausstreckte.

Aber die Hebamme schüttelte nur den Kopf.

„Blau," wiederholte sie mit professionellem Blick auf das Neugeborene; dennoch legte sie das Körperchen des kleinen Knaben auf die Brust der relativ alten Mutter.

Sie tat es mitleidig und meinte es nur gut.

Mein lieber erstgeborener Sohn, dachte die Mutter, endlich bist du da! Du wirst sein wie ich… ja, mein Kleiner, du bist mein Prinz. Alles will ich dir möglich machen!

Die Frau umschloss den schlaffen Leib des Säuglings fest, sie wollte ihn nie mehr loslassen, während die Hebamme etwas ratlos abseits stand.

Weißt du, dachte die Mutter weiter, weißt du, was ich mit dir vorhabe? Oh, du sollst den besten Beruf ergreifen können, vertraue nur auf mich!…

Mein Mann, der ist ein Habenichts, von dem kannst du dir nichts erwarten, auf den höre erst gar nicht…

Da trat die Hebamme zögernd an das Bett der Frau heran.

„Gute Frau, ich muss ihnen leider sagen, dass…“

Aber die Mutter hatte keine Ohren für die Hebamme.

„Es ist mein Sohn“, flüsterte die Frau, nachdem sie das kleine Wesen energisch an sich drückte.

„Und…“ begann die Hebamme, „wenn es nun eine gesunde Tochter wäre?“

„Nein! Keine Tochter, nur einen Sohn will ich… Es ist doch ein Sohn?“

Hilfesuchend tasteten die Augen der Mutter nach dem Blick der Hebamme.

So sauge doch endlich, dachte sie verzweifelt und tätschelte das Menschlein an ihrer Brust, sauge von mir die Stärke und das Durchsetzungsvermögen, dann wirst du ein herrlicher und wunderschöner Sohn, ein immer geliebter Sohn!

„Ihr Sohn…", sagte die Hebamme vorsichtig, aber die Frau beachtete sie nicht, so sehr war sie in ihren Träumen und Hoffnungen verstrickt.

„Du wirst ein wunderbarer Mann", murmelte die Mutter weiter, „du wirst schöner und besser als dein Vater, wirst ihn übertreffen an Mut und Stärke…"

„Nein!", rief die Hebamme nun energisch.

Voll Angst drückte die Mutter das Wesen an sich und fragte bang die Hebamme: „Ist es etwa kein Sohn? … Nur eine Tochter?"

Da entnahm eine Schwester das Kleine den Armen der Mutter, welche sich verzweifelt an ihrem Kinde festhalten wollte.

„Nichts", sagte die Hebamme, „es ist blau. Es hat nie geatmet. Ihr Sohn war tot schon vor der Geburt."

„Nichts?", schrie die Mutter in unnennbarem Schmerz und tappte weiter nach dem leblosen Säugling, „Warum nichts? Warum ist es blau? Mein Sohn, mein einzig lieber Sohn? Warum… mir genommen?"

„Beruhigen Sie sich… Sie können immer noch ein Kind bekommen!" versuchte die Hebamme die Mutter zu besänftigen, „und wenn es ein

Mädchen wird, dann ist es doch ebenso recht…"

Da wütete die Frau in ihrem Bett: „Niemals werde ich ein Mädchen mögen, ein Junge, ein Junge muss es sein!"

Der Mann, der Vater aber stand draußen am stummen, weißgekachelten Gange der Gebärklinik; er bekam von alledem nichts mit. Ihm war es von Herzen gleichgültig, ob er nun einen kleinen Knaben oder ein Mädchen in den Armen halten würde.

Und wenn es ein Mädchen ist, dachte er vor sich hinsinnend, so ist es zwar kein Stammhalter, aber ein kleines eulenäugiges Ding, meine Athene.

Ein Mädchen, das ich immer so lieben werde, egal, was für einen Blödsinn sie macht. Ich werde immer Vater sein.

Immer Vater. Ich werde sie, meine Tochter, lieben! Immer lieben!

Liebe ist das Wichtigste… Liebe besiegt den Tod.

Alaska

Ihr Vater weckte sie sonntags in den Ferien. Sie war gerade vierzehn geworden.

„Liebe Maus, ich gehe.“

„Semmeln holen…“, murmelte sie.

Mit schlafverklebten Augen sah sie ihren Vater den Kopf schütteln.

„Nein Maus, ich gehe für immer, Alaska, du weißt, ich wandere aus. Nach Alaska.“

Davon redete er immer, wenn er wieder Streit mit der Mutter hatte, da wollte er überhaupt immer fliehen.

„Aber du kannst mich doch nicht einfach alleine lassen? Ich will mit dir mitgehen, ich halte es doch hier auch nicht mehr aus. In Alaska können wir eine Hütte haben und unsere Freiheit!“

Vater nahm ihre Hand und sagte: „Ich weiß ja, aber du musst bei Mama bleiben, sie kann nicht alleine sein.“

Dennoch fasste sie es wie eine Kränkung auf, die sich in ihr Herz fraß.

Kann nicht alleine sein, so ein Blödsinn! Eine Frau, die immer mit Scheidung droht, kann sehr wohl alleine sein, dachte sie.

Mutter kann doch alles! Sie kann uns beide zusammenschreien, damit wir uns klein fühlen, sie kann mir die Haare so ruppig frisieren, sodass sie im Kamm hängenbleiben nur um sie wieder kurz wie bei einem Burschen zu schneiden, dachte die Tochter.

Überhaupt hätte die Mutter lieber einen Burschen gehabt; denn ein Mädchen betrachtete sie als Konkurrenz. Daher schmierte sie der Tochter lieblos die Pausenbrote mit viel zu viel kalter Butter, die sich im Mund eklig und überfettig anfühlte, eine nicht kaubare Masse. So wie gewollte, nie aber gekonnte Fürsorge.

„Gut, Maus, ich will bleiben, wegen dir. Du bist noch zu klein für Alaska. Aber in zehn Jahren gehen wir.“

Trotzdem war er kaum mehr zu Hause, sondern noch mehr auf Arbeit als sonst.

Doch nicht wegen irgendwelcher Frauengeschichten, das hätte die Tochter früher spitzbekommen als die Mutter.

Er arbeitete ständig.

Von Alaska keine Rede mehr.

Er war geblieben und arbeitete.

Er brachte Steuersünder hinter Gitter, weil er die Gerechtigkeit liebte, daran verschwendete er sein Leben, auch das Leben mit seiner Tochter.

Und weil er keine Zeit mehr für sie hatte, suchte sie sich Liebhaber, die sie dann auf Bootstouren mitnahmen oder ins Theater ausführten.

Aber in einer Sache hielt der Vater Wort.

Zehn Jahre später wollte er sie verlassen.

Zehn Jahre später betrat die Tochter mutig das weißgestrichene Zimmer, in dem er sich aufhielt.

Wie um die lähmende Stille zu durchbrechen bemerkte sie beiläufig: „Ich bin jetzt bei den Pfadfindern. Spät, aber doch."

„Bei den Pfadfindern? Und fahrt ihr da einmal nach Alaska?"

„Weiß nicht, vielleicht. Aber erst mal in den Kaukasus."

„Wie wird es jetzt in Alaska sein?", fragte er sich.

Sie schaute aus dem Fenster. Draußen wehte der Wind die letzten Apfelblüten des Juni herein.

„In Alaska", begann sie traumbenommen, „da wird es jetzt grün. Die zottigen Bisonherden weiden in den reichblühenden, grüngrasigen Tälern des Yukon und die Wölfe umschleichen sie gierig. Auf den ragenden Bergen aber glitzert noch immer der Schnee, durch den, am Rande erwachend, sich die lichtsuchenden Kelche der ersten Blumen drängen: weiß, lila, rot und gelb..."

Der Vater reckte sich empor und blickte aus dem Fenster.

„Maus, du bist eine wirkliche Dichterin geworden. Aber es ist besser, wenn du als Lehrerin arbeitest. Und auf die Mutter aufpasst, damit sie keine Dummheiten macht, vor allem später, wenn sie älter und leichtsinniger wird."

„Papa, aber wenn ich bei der Sommerfahrt am großen Kaukasus ein Problem haben sollte..."

„Ich bin für dich da! ... Erzähl mir nur immer davon!"

Alt aber sah der Vater in dem Moment aus. Doch entschlossen und ergeben.

„Was soll ich jetzt tun?", fragte die Tochter hilflos, indem sie im Zimmer umherblickte.

„Tu jetzt das, wofür deine Mutter zu schwach ist. Sag dem Oberarzt, er soll die Maschinen

ausschalten. Es soll ausschauen wie ein Verse-
hen. Es hat keinen Sinn mehr. Gute Maus. Und
wenn du doch mal nach Alaska kommst oder
auch den Kaukasus überschreitest, dann denk
an mich."

Statt eines Nachwortes

Die verlorene Tochter an ihren Vater

Mein lieber Vater,

Ich weiß, wie sehr du mich von Anfang an geliebt hast. Du wolltest das Beste und Größte für mich. Womöglich einen Traum von Hollywood oder einen Traum von Alaska.

Vielleicht habe ich dich in meinem Leben ganz furchtbar enttäuscht.

Mein Fehler war: Ich habe mich in meine Musiklehrer verliebt. Ich habe sie für all das geliebt, was du mir sein wolltest, aber auch nicht sein konntest.

Ich wurde abtrünnig und floh. Ich suchte mein Glück in der Fremde.

Doch bitte halte mir zugute, dass ich immer nach der Wissenschaft strebte, meiner Berufung als Lehrerin und Schriftstellerin nachgegangen bin.

Ich habe in Archiven, Küchen, Papierfabriken und an einigen Lehrstühlen der Uni immer gearbeitet, nur, um dir zu gefallen, lieber Papa… ja, ich hab auch die alte Franziskanerbibliothek von Altötting umgegraben und hatte neben der Schedel'schen Weltchronik auch mal eine verfaulte Maus in den Händen.

Du weißt, lieber Papa, dass ich als Kind schon Goethe gelesen habe und vor allem auch Hölderlin, er war mein Liebling unter den Versagerhelden… Manchmal denke ich… warst du auch einer der Versagerhelden?

Ich hätte dich umso mehr geschätzt!

Ich habe meine Tätigkeiten immer gemocht, auch in schweren Zeiten. Ich habe stets das, was du in mir angelegt hast, zielstrebig verfolgt.

Aber, Vater, ich habe auch versagt. Und ich bin kein Held.

Du hast mir immer von den Helden der Antike erzählt, von Achill, von Menelaos… von alle den Männern und ich dachte immer, du seiest einer ihrer.

Das einzig Ehrbare an mir ist, dass ich damals an deinem Begräbnisse und heute am Pfingsttage, zu deinem neunzehnten Todestage, diesen heiligen Gesang in deinem Namen dem größten Herrn über Zeit und Ewigkeit bieten konnte, ein Singen, das du mir ermöglicht hast, indem du immer an mich glaubtest.

Es ist das Letztgültige und Einzige, was eine Tochter für den Vater aus Liebe zu tun im Stande ist.

Vater, du warst und bist der Beste!

Und so betete ich zum Schluss singend:

Da tuis fidelibus,

in te confidentibus,

sacrum septenarium.

Da virtutis meritum

Da salutis exitum.

Da perenne gaudium.[6]

Amen. Alleluia!

Gegeben am Pfingstsonntag, dem 8. Juni 2025,
Sterbetag meines lieben Herrn Vaters.

---

[6] *„Gib deinen Gläubigen, die in dich vertrauen, die Siebenfalt der Gnaden. Schenk der Starkmut Ehren, schenke ein seliges Ende des Heiles, Gib Freude in Ewigkeit."*

Bei der Übersetzung dieser Zeilen heule ich nun wie ein Schlosshund. Aber ich habe am Sonntage nicht geweint. Ich war tapfer, so wie mein Papa es immer von der Tochter wünschte.

In gleicher Ausstattung sind von der selben Autorin bei BoD erschienen:

- Kastl 93'. Drei Erzählungen.

- Les Barricades Mystérieuses. Eine Auto-biographie in lyrischer Prosa mit ange-hängtem Kommentar.

- Iter Illyricum. Reisebericht über eine Fahrt nach Montenegro.

- Wisse das Bild. Eine Arbeit über die Poetik des Nennens in orphischer Tradition.

- Von der Muse geküsst. Das Motiv der Dichterweihe von Hesiod bis Stefan George